BEI GRIN MACHT SICH IHR WISSEN BEZAHLT

Das Internet als wichtiges Lehrmedium im algerischen DaF-Unterricht. Förderung der positiven Einflüsse digitaler Medien auf junge DaF-Lernende

Malika El Kebir

Bibliografische Information der Deutschen Nationalbibliothek:

Die Deutsche Nationalbibliothek verzeichnet diese Publikation in der Deutschen Nationalbibliografie; detaillierte bibliografische Daten sind im Internet über http://dnb.d-nb.de abrufbar.

ISBN: 9783346720894
Dieses Buch ist auch als E-Book erhältlich.

© GRIN Publishing GmbH
Nymphenburger Straße 86
80636 München

Druck und Bindung: Books on Demand GmbH, Norderstedt Germany
Gedruckt auf säurefreiem Papier aus verantwortungsvollen Quellen

Das vorliegende Werk wurde sorgfältig erarbeitet. Dennoch übernehmen Autoren und Verlag für die Richtigkeit von Angaben, Hinweisen, Links und Ratschlägen sowie eventuelle Druckfehler keine Haftung.

Das Buch bei GRIN: https://www.grin.com/document/1272444

„Das Interne: Wichtiges Lehrmedium im algerischen DaF-Unterricht Malika /Zur Förderung der positiven Wirksamkeit digitaler Medien bzw. Internetnutzung auf die moderne Welt von jungen DaF- Lernenden und vor allem im Rahmen der hochschulischen Lehre aus didaktischer Mediatisierungsperspektive von Malika EL Kebir"

Abstract

In der Globalisierungszeit ist die Nutzung digitaler Medien und Plattformen wie z.b. digitalisierte Fotos bzw. Fotoprofil -Autobiographie per Facebook, E-Mails-Schriftlichkeit, E-Books, Videotelefonie, Musikvideos-Player durch You Tube, Chatdialoge , Diskussionsforen, das Spielen und Surfen im Netz durch die Netz-Recherche im sog. World Wide Web d.h. WWW, Filmstars, Mini-Computer, die Verwendung von Smartphones, Tablets mit modernen Apps, Laptops im algerischen DaF-Unterricht und im Rahmen der hochschulischen Lehre sind von wichtiger Bedeutung und von höherem Maße. In diesem Zusammenhang suchen sich junge Lehrende, DaF-Lernende und Forschende z.B. nach DaF-Materialien, Infos, OnlineBibliothek, E-Books, DaF- Zeitschriften und Lehrmedien aus mediendidaktischer Perspektivierung per Netz-Recherche bzw. in der modernen DaF- Welt.

Heutzutage bietet das Internet den Lernenden im Allgemeinen vielfältige Anwendungsmöglichkeit, Hoffnung. Intelligente Lösungen schafft Internet wie das Anknüpfen der schnellen Informationen, die Teilnahme an kulturellen Computerprogrammen z.B. DAAD-ERASMUS an Hochschulen und das Potential digitaler Lehrmedien durch den Erfahrungsaustausch. Es handelt sich eigentlich um eine höchst zunehmende Entwicklung elektronischer Medien, digitaler Produktmedien in der modernen Mediatisierungswelt von jungen DaF-Lernenden und rasante Beschäftigung mit dem Produktivitätsprozess per E-Mail- Schreibprodukte und mit der Erfindung digitalisierter Optionen bzw. Lehrmedien. Unsere Forschungsarbeit befasst sich wahrscheinlich mit interessanten Stellungsfragen in Hinsicht auf die Förderung der positiven Wirksamkeit digitaler Medien bzw. Internetnutzung als wichtiges Lehrmedium auf moderne Welt jünger Lerner und vor allem im Rahmen der hochschulischen Lehre aus didaktischer Mediatisierungsperspektive": Welche Vorteile Internet-Dienste und die Verwendung digitaler Lehrmedien im algerischen DaF-Unterricht bieten? Wie wirksam Digitale Medien auf die moderne Mediatisierungswelt von Lehrkräften und algerischen Lernenden positiver beeinflussen? Und Welche Erfolgsfaktoren und Entwicklungen digitaler Medien in der Fremdsprachendidaktik bzw im Rahmen der hochschulischen Lehre und in der digitalisierten DaF-Welt wären?

1.Multimedien im DaF-Unterricht aus knapper Sicht

Das Internet bietet eine Fülle von Arbeitsmaterialien. Das Prinzip ist, die Netz- Recherche mit dem Woerld Wide Web, d.h mit dem WWW in der DaF- Welt zu entdecken.

1.1 Begriffserklärungen der Medien

Etymologisch stammt „*Medium*" aus dem lateinischen Begriff „*medius*" in Anlehnung an Definition des Mediums von **DUDEN**(2001)[1]. In diesem Zusammenhang wird der Begriff „Medium" als *Mediator, Informationenvermittler- Mediendidaktiker* und vor allem als *Kommunikationsmedium* bzw. als *Übertragungsmedium* verstanden. Im Allgemeinen dient die Funktion der Medien hauptsächlich zur Übertragung von vielfältigen Infos in der DaF- Didaktik. Betrachtet wird das Internet in der jungen Generation als umfangsreiches Netzwerk für Militär, Wissenschaft und Forschung im Rahmen der hochschulischen Lehre und die Förderung des didaktischen Interneteinsatzes- und Lehrmedien soll einen höheren Stellenwert in der Fremdsprachendidaktik einnehmen.

1.2 Zum didaktischen Einsatz von Lehrmedien im algerischen DaF-Unterricht

Interessante Unterrichtsmedien als traditionelle Lehrmedien sind Beispielweise: Lehrbücher, Hörbücher, Tafel, Plakate CDs-DVDs-Player, Overheadprojektor, Videorekorder und Textlieder im DaF- Unterricht, d. h, es gibt eine Vielfalt von DaF- Lehrmaterialien und das Internet bietet den DaF- Lernenden Chance-Hoffnungen und Anwendungsmöglichkeiten wie das Anknüpfen der schnellen Infos, Wortschatzerklärungen per Experimentieren, Recherchieren und Surfen im Netz. In dieser Hinsicht haben wir Eigeninitiative als junge DaF- Dozentin und Expertin im didaktischen Bereich seit mehreren Jahren die Internetnutzung im algerischen DaF- Unterricht aus mediendidaktischer Perspektive und seine positive Wirkung durch unsere Forschungsarbeit auf die moderne digitalisierte Medienwelt von jungen DaF- Lernenden aufzuzeigen, die Netz-Recherche zu entdecken und bestaunen. Auf generelle Erklärungen von auditiven, visuellen, audiovisuellen- und Multimedien werden wir Mehrwert legen. Über die mediendidaktische Definition-und Medientypologie schrieb GROSCH in diesem Sinne.

---

[1]**DUDEN**: Das Fremdwörterbuch Duden Band 5.7.Auflage, Mannheim, Leipzig, Wien, Zürich, Dudenverlag 2001

GROSCH(2012)[2] unterschied drei wichtige Typen von Medien, die an Hochschulen für das Lernen und Lehren verwendet werden:

1. digitale und gedruckte Textmedien zum Beispiel E-Books, Bücher- und Lehrbücher,

2. allgemeine Webtools und Services z.b. E-Mail- Suchmaschinen,

3. E-Learning- spezifische Webtools und Services

Zu den auditiven Medien gehören Radios, CDs, DVDs- Player, Tonbänder, Sprachlabor und sie dienen eigentlich zum medialen Kontakt zwischen den DaF- Lernenden und dem Kommunikationsprozess. Über den sinnvollen Beitrag auditiver Medien schrieb **STORCH(1999)**[3] in seinem didaktischen Buch: Deutsch als Fremdsprache. Eine Didaktik wie folgt: „ Der Einsatz auditiver Medien stellt eine wichtige Voraussetzung für die gezielte Förderung des Hörverstehens dar. Die von Muttersprachlern gesprochenen Texte bieten eine wichtige Möglichkeit, dass die Lerner sich an die Zielsprache gewöhnen und die authentischen Texte mit den entsprechenden Funktionen lernen auch bei Lerntexten z.b. dialogischen Hörverstehen.(.)" Visuelle Medien, die wir Infos über das Auge vermitteln und schauen. Weiterhin lassen sich optische Medienprodukte wie Foto, Wandtafel, Kreide, Bleistift, Plakate , Schaubild, Grammatikbuch, Landkarte, Wörterbuch, Notizbuch, Lehrwerk, Lehrbuch Textlied, Zeichnung, Zeitung, Fahrkarte, Fahrplan, Postkarte, Kamera, Anzeige und Formular effektiver wirken. Verbunden sind Videoclips mit Computerprogrammen, was für die Verarbeitung von Musikvideos anbelangt. Im gleichen Sinne ist **STORCH (1999, S. 276)**[4] der Meinung, dass „visuelle Medien z.b. Plakate, Fotos, Zeichnungen sehr jeher einen wichtigen Äußerungsanlass im Unterricht darstellen können." Film als optisches Medium ist erkennbar im DaF- Unterricht und die Filmstars als Anschauungsmittel bringen ständig Vorteile wie das Realitätsbild des Fremdsprachenlandes aufzuzeigen. In Hinsicht auf optische Medin leisten Overheadprojektor, Fernseher einen wichtigen

---

[2]**GROSCH, M:** Mediennutzung im Studium. Eine empirische Untersuchung am Karlsruher Institut für Technologie. Aachen 2012
[3]**STORCH, Günther:** Deutsch als Fremdsprache . Eine Didaktik München, Frank 1999
[4]Ebenda, 1999, S. 276

Beitrag zur direkten Speicherung und vor allem zur raschen Übermittlung von Informationen. Zur Förderung der visuellen und audiovisuellen Medien fasst **SCHWERD-TFEGER(2001,S.1023)**[5] zusammen und er betont mit Recht, dass,, sie Mittel zur Förderung von Aufmerksamkeit, Motivation, Interkulturalität sind und zur Wortschatzerweiterung beitragen." Allerdings war Sprachlabor als Pionier des Unterrichtsprozesses, haben Digitale Medien etwa seit etwa 1984 eine höchste Qualität in der modernen DaF- Welt von jungen DaF-Lernenden erfahren.

---

[5]**SCHWERDTFEGER, I.C:** Die Funktion der Medien in den Methoden des Deutsch als Fremdsprachenunterricht 2001. In : HELBIG, G et al (Hrsg.) : Deutsch als Fremdsprache . Ein internationales Handbuch . Berlin , New York. De Gruyter S. 1018- 1028

2. Digitalisierungsperspektive im Rahmen der hochschulischen Lehre bei jungen DaF-Lernenden

In der modernen Medienwelt wird Digitalisierungsbegriff als Wandlungsprozess betrachtet. Der „Digitalisierungsbegriff" befindet sich aber auch in der *lustfähigen Wikipedia*[6]: Verstanden werden E-Book und Smartphone als Träger digitaler Medien und vor allem als Kommunikationsmedien. Dabei zeigt sich vielmehr Medienangebote wie Chatten, Posten- E-mailen, Musik-TikTok, Videotelefonien Video- Konferenzen.

Wenn man sich nicht mit digitalen Medien beschäftigt, ist es monoton. In diesem Gedankengag legen wir den Akzent vor allem auf den didaktischen Einsatz des Internets als wichtiges Medium und auf seine positive Wirkung-Nutzung ,Vorteile, Effekte im algerischen DaF- Unterricht aus mediendidaktischer Sicht im Rahmen der hochschulischen Lehre und auf die moderne digitalisierte DaF-Welt von jungen DaF- Lernenden.

2.1 Generelle Übersicht über „Digitales Medium

Digitale Medien werden in der modernen Welt als Lehrmedien berücksichtigt. In diesem Zusammenhang gibt es eine Vielfalt digitaler Medien, d.h. elektronische Medien sind z.b. digitalisierte Bilder, E-Books, Mini-Computer, Internet-Dienste, E -Mail-Schriftlichkeit, Chatten, die Verwendung digitaler Produktmedien und Plattformen wie z.B. digitalisierte Fotos- Fotoprofil - Autobiographie per Facebook, Videotelefonie, Musikvideos-Player durch You Tube, CDs- DVDs-Player, Smartphones mit modernen Apps, Laptops, Tablets, Chatdialoge-Diskussionsforen, Video-Konferenzen, SMS-Messenger, Online-Netz, das Spielen und Surfen im Netz durch die Netz-Recherche im sog. World Wide Web d.h. WWW, Filmstars, die rasche Nutzung von Smartphones, Tablets mit modernen Apps, Laptops im algerischen DaF-Unterricht und im Rahmen der hochschulischen Lehre sind in der schnellen Entwicklungszeit per Netz-Recherche aus didaktischer Mediatisierungswelt von wichtigem Wert. Fokussiert werden Medienangebote wie E- Books, Internetnutzung und die Nutzung digitaler Plattformen wie das soziale Netzwerk Facebook in der modernen DaF- Welt. Aus der Sicht der didaktischen Mediatisierungsperspektive findet man verschiedenartige Funk-

---

[6] http://de. M. Wikipedia/Wiki/Unterrichtsmedien. Abrufbar am 01. 08. 2022um 01: **39Uhr. E-Mail-Adresse:** elkebir_15@yahoo.fr/miamelkebir@gmail.com

tionen von digitalen Medien. z.B. sie tragen zur effektiven rasanten Wortschatzerklä-rung, zur Flexibilisierung, Übertragung- Geschwindigkeit von schnellen Informations-services z.b. Reise, Reservierung durch die schnelle Möglichkeit E-Mail-Dienst als Kommunikationsmedium bei.

Wie gezeigt wurde, leisten die lehrenden Medien, E-Mailen, Posten, Chatten, Spielen und Surfen im Netz einen sinnvollen Beitrag zur Er-leichterung kreativen Prozesses und vor allem zur Erprobung von digitalen modernen Produkmedien.

2.2 Zur Bedeutung der Internetnutzung als wichtiges Lehrmedium an Hochschulen aus didaktischer Mediatisierungsperspektive

Angeboten werden Arbeitsmaterialien wie

_Online- Bücher,

_E-Books,

_Links,

_umfangreiche Websites,

_schnelles Anknüpfen von Informationsservices

_DaF- Zeitschriften,

_allgemeine Services zu den umfassenden Infos

Dank des Internets kann der Nutzer, Lehrende, Schreibende, Lernende und Forschende im Allgemeinen die rasanten Informationsservices finden.

2.2.1 Zum „Internetbegriff"

Mit dem **Internet-Seminar** beschäftigte sich die fleißige Direktorin der Bibliothek in Alger bzw. Deutsche Botschaft -Goethe Institut Algier. Über Internet schrieb die junge Direktorin der Bibliothek in Alger bzw. Deutsche Botschaft -Goethe Institut Algier **Dipl.-Bibl. KASTNER, Stefanie**[7]in ihrem Seminar:„**Effektive Recherche im Inter-**

---

[7]**KASTNER, Stefanie als fleißige Direktorin der Bibliothek** /GOETHE-INSTITUT ALGIER- Directrice Information et Bibliotheque C/o Ambassade allemande 165, chemin Sfindja 16000 Alger Tel.:00213-21-742559_ Fax:00213-21-740926_ E-Mail: bibl@algier.goethe.org www. goethe. de : „Effektive Recherche im Inter net -Seminar,, Seminarunterlagen in Oran

net -Seminar,, wie folgt: „ **Das Wort "Internet"** ist eine Abkürzung **der Worte** „**Interconnected Networks"** d.h. „**Verbundene Netzwerke"** (.) und dient dem Austausch von Informationen.

In dieser Hinsicht weist **KASTNER,** Stefanie darauf hin, dass das Internet eigentlich von dem „**Modem",** der „**Telefonleitung"** und vor allem von dem „**Breitbandnetz ADSL"** abhängig ist.

In diesem Gedankengang ist das Internet ein Übertragungsmedium per *Google - Suchlexikon* für die schnelle Suche nach Information zu einem bestimmten Thema und vor allem ein offenes Netzwerk. Rasanten Auftrieb erhielt das Internet nach *KASTNER* im gleichen Internet-Seminar seit Anfang der 90er Jahre durch das World Wide Web, kurz www. Meines Erachtens ist die Internet-Begriffsdefinition sehr offen und jeder von uns benötigt Internet und schnelle Informationen zuhause- Wohnung oder im Internet- Café.

2.2.2 Zusammenhang zwischen Internet als Lehrmedium und digitalen Medien

Vorliegende Internet-Begriffe lassen sich durch Eigeninitiative auch im Anhang erklären Wie zum Beispiel :

_ *Surfen im Netz : Links- Webseites - Suchmaschinen besuchen*

_ *Autobiografie per Facebook-Plattform : Im Allgemeinen gilt die Autobiografie als Einstieg ins Foto bzw. Fotoprofil. Über die kurze Autobiografie sollen Internetnutzer schreiben, wenn sie digitale Plattformen wie z. B. das weltbreite Netzwerk oder Facebook*

_ *E Z: EZ bedeutet elektronische Zeitschrift und Zeitung, die digital maschinell veröffentlicht sind. In diesem Gedankengang gibt es eine Fülle von Online DaF- Zeitschriften, Abonnement- Elektronische Zeitschriften.*

_ *OB :* *Bezeichnet wird OB bzw. Online Bibliothek als Virtuelle Bibliothek in der Entwicklungszeit.*

I S: Informationsservice umfassen allgemeine Services von Infos und schnelles Recherchieren, Experimentieren per Erfahrungsaustausch.

2.2.2.1 „ Das WWW bzw. Woerld Wide Web und Netz-Recherche"

Das sog. **Woerld Wide Web WWW** wird von Tim BERNERS LEE am CERN erfunden. Das WWW wird als Synonym für das Internet benutzt. Aus genereller Sicht dient das Internet beispielweise zur Übertragung zu den vielfältigen Informationen, zur Nutzung der Netz-Recherche , zur Veranschaulichung von digitalen Bildern, Animationen, Musikvideos und zum Anknüpfen der schnellen Webseites- Informationsservices, E-Books und Online- DaF- Zeitschriften. Abhängig ist das WWW vor dem Netz, Videochat und E-Mail-Dienst.

2.2.2.2 E- Mails-Schriftlichkeit

E-Mail : Als Kommunikationsmedium wird E- Mail oder elektronische Post verstanden. Das meistbenutzte E-Mailmedium ist in der digitalen Modernisierungswelt von zunehmend höherer Bedeutung im algerischen DaF- Unterricht aus mediendidaktischer Sicht bzw. im Rahmen der hochschulischen Lehre. E- Maildient zur Übertragung elektronischer Briefe.

2.2.2.3 Meistbenutzte Lehrmedien: Mini-Computer , Laptop, Smartphone, E- Book und Tablet im algerischen DaF-Unterricht im Rahmen der hochschulischen Lehre

E- Books: Bei einem Buch oder Lehrbuch geht es eigentlich um E-Books, d.h. elektronische Bücher. Ein E-Book ist ein Digitalbuch und es bietet Vorteile z.B. E- Books als gedruckte Bücher können sofort gelesen werden und auf verschiedenen Geräten verwenden.

2.2.2.4 Verwendung der Plattformen wie Facebook, You Tube und Twitter im Internetnetz bzw. SMS-Messenger, Videotelefonie- Videotelefonie und Musikvideos per Audio-Player, Schauen von Filmstars und Spielen im Netz

Facebook: Das soziale Netzwerk Facebook ist nun in der digitalen Welt zugenommen. Bei der intensiven Facebook-Verwendung nutzen am meisten junge Lehrende-Lernende, Forschende und Schreibende an Hochschulen und in der Freizeit.

Computer kann verschiedenartige Mediatisierungsmöglichkeiten anbieten. Definiert man heutzutage Computer als Kommunikationsmedium in Verbindung mit digitalen Geräten wie Laptop, Makro- Mini- Computer. In der modernen Medienwelt ist heutzutage die Nutzung der Plattformen wie You Tube und Twitter und das soziale Netzwerk Facebook im Internetnetz bzw. SMS-Messenger, Videotelefonie- Videotelefonie und Musikvideos per Audio-Player, Schauen von Filmstars und Spielen im Netz von höherem Mehrwert.

Durch den Computereinsatz haben DaF- Lehrende, Lernende und Forschende Gelegenheit die gefundenen Infos und vor allem die moderne Welt aus mediendidaktischer Sicht zu entdecken.

2.2.2.5 Diskussionsforen und Chatten –Chatdialoge

Anwender auf Webseites nutzen chatten im DaF-Unterricht. Aus knapper Sicht befinden sich Diskussionsforen - Chatdialoge zwischen zwei oder Kommunikationspartnern durch die Netz- Recherche.

Zugenommen sind Multimedia im Allgemeinen und digitale Lehrmedien wie Mini-Computer, Internet , Smartphone in der Entwicklungszeit, d.h. sie haben positive Wirkung auf das Sprachlehren und die Internetnutzung leisten eine gewichtige Bedeutung zur Kulturentwicklung in der Modernisierungszeit aus didaktischer Mediatisierungswelt.

3. Zur Förderung der positiven Wirksamkeit digitaler Medien bzw. Internetnutzung auf die moderne Welt von jungen DaF- Lernenden und vor allem im Rahmen der hochschulischen Lehre aus didaktischer Mediatisierungsperspektive

Die intensive Internetnutzung bietet Medienmöglichkeiten, Internet- Dienste als wichtiges Lehrmedium, Verwendung digitaler Plattformen und Erfindung moderner Medienprodukte, um Kommunikationsprozesse zwischen Lernenden und Lehrenden zu erproben.

3.1 Vorteile der Internetnutzung als wichtiges Lehrmedium im algerischen DaF- Unterricht und seine positive Wirkung auf die moderne digitalisierte DaF- Welt von jungen DaF- Lernenden

Digitale Lehrmedien- Medienprodukte wie E-Books, Internet-Netzrecherche, E-Mailen, Chatten, Nutzen digitalisierter Plattformen per Facebook, Twitter, You Tube- Videotelefonie- Videokonferenz, Spielen, Herunterladen von Filmstars- Musikvideos und Surfen im Netz spielen in diesem Zusammenhang eine gewichtige Rolle und leisten abschließend einen wichtigen Stellenwert im DaF-Unterricht aus didaktischer Medienwelt.

Internetnutzug bietet Vorteile im Rahmen der hochschulischen Lehre und die meisten DaF- Lerner- Lehrkräfte verwenden vielmehr elektronische Bücher wie E-Books, Online- Webseites, Informationsservice, DaF- Zeitschriften durch Netz- Recherche und die positive Wirksamkeit des didaktischen Einsatzes der Internetnutzer auf ihre moderne Welt ist von höherer Bedeutung im algerischen DaF- Unterricht. **ROCHE (2000, S. 137f)**[8] hat sich damit beschäftigt und er hat auf die Vorteile der Internetnutzung hingewiesen. In diesem Zusammenhang hat das Internet aktiv am DaF- Unterricht als Unterrichtsfaktor teilgenommen. Hierzu sind Internetanwender motivierender, effizienter und die Fokussierung der Erfolgsbedingungen per Innovationen moderner Produktmedien bzw. Entwicklungen sind gestiegen und zugenommen.

---

[8]*ROCHE, Jörg: Lerntechnologie und Spracherwerb Grundkenntnisse einer medienadäquaten interkulturellen Sprachdidaktik. 2000, S. 137f In: Deutsch als Fremdsprache S.37*

Mit dem didaktischen Einsatz des Internets im DaF- Unterricht soll aufgezeigt werden dass die Verwendung der Internetdienste im algerischen DaF- Unterricht in der Fremdsprachendidaktik die Beschäftigung mit E-Mail in Blick auf schriftliche Produkte, E-Book, Chatdialog, Laptop, Videotelefonie- Videokonferenz die Produktivität, Kreativität, Modernität , Attraktivität und vor allem Interkulturalität im Rahmen der positiven Wirkung auf unsere digitalisierte Medienwelt fördert.

Fassen wir die Vorteile bzw. die positive Wirkung der Internetnutzung im Rahmen der hochschulischen Lehre bei algerischen DaF- Lernenden wie folgt:

_ *Erfahren hat ein Potenzial digitaler Medien eine zunehmende Qualität per Netz - Didaktik z.B. mit der Nutzung von E-Books, Smartphones, Laptops, Tablets und Produktmedien in der Entwicklungszeit. In diesem Kontext bietet das Internet ein enormes Potenzial für vielseitigere und effektive Wirkung moderner Lehrmedien an Hochschulen und am Beispiel im algerischen DaF- Unterricht,*

_ *Das Internet bringt Chance, Hoffnung und positive Teilnahme an kulturellen Computerprogrammen und Lehrprogrammen wie DAAD- ERASMUS,*

_ *Die effiziente Internetnutzung macht DaF- Unterricht leichter, flexibler, lustiger und erfolgreicher. Da es ständig DaF- Webseites produziert,*

_ *Das Internet bringt DaF- Lernenden schnelle Services zu den vielfältigen Informationen, Anwendungsmöglichkeiten, interessante Sprechanlässe und Arbeitsmaterialien wie im deutschen Buchladen können sie digitale Bibliothek mit den rasanten Infos informieren, und*

_ *intelligente Lösungen lässt sich das Internet zum Beispiel E- Mail- Kommunikation, Nutzung der Videotelefonie, Videokonferenz, E- Books-Verwendung schaffen.*

Dabei zeigt sich, dass die Internetvorteile und die positive Nutzung digitaler Lehr-medien grundsätzlich gewichtige Bedeutung zur Effizienz der Qualitätssteigerung des Unterrichtsprozesses aus der Sicht didaktischer Mediatisierungsperspektive leisten.

3.2 Meinungsexpertinnen nach Internetnutzung, Facebook- Freundinnen, Inter-netanwender und E- Mailnutzerinnen von jungen Kolleginnen und Kollege

In Hinsicht auf die Bedeutung digitaler Medien und positiver Wirksamkeit der Internetnutzung gibt überhaupt umfangsreiche DaF-Links, Webseites, allgemeine Services zu den verschiedenen Infos, Abonnement -Zeitschriften und Online DaF- Zeitschriften, Virtuelle Bibliothek und Digitale-Produktmedien.

Bei dem wichtigen Mehrwert des Internets handelt es sich eigentlich um höchst zunehmende Entwicklung der digitalen Medien und die meisten Internetnutzer wie Forschende, Bücherschreibende, DaF- Lernende und Lehrende des Deutschen als Fremdsprache interessieren sich fast 90 Prozent für die Internetnutzung im alge-rischen DaF- Unterricht z.B. für das Verfassen der Forschungsarbeite, Dissertatio-nen, für das Herunterladen von Filmstars im Deutschen, Spielen, Nutzen digitaler Plattformen wie SMS- Messenger- Mitteilunger per Facebook , Musikvideos per You Tube, Ausfühlen und Beantworten auf Fragen per durch die E- Mail- Kom-munikation wie Reise, Reservierung, E- Books lesen und veröffentlichen, Netz-Surfen und Chatten im Rahmen der hochschulischen Lehre aus didaktischen Me-dienperspektive.

Nur einige beschäftigen sich intensiv mit dem sozialen Netzwerk Facebook, mit dem Spielen in der Freizeit, d.h. mit dem Spielen und vor allem mit dem Dialogentexten, digitalen Bildern per Skype- Kamera-Videos, Diskussionsforen und Chatdialogen. Dank des Internets haben die lehrenden Medien höchste Qualität und erfolgreiche Entwicklung in der modernen DaF- Welt erfahren. In diesem Sinne ist das Internet als Unterrichtsfaktor und Kommunikationsmedium von wichtigem Mehrwert im Rahmen mediendidaktischer Digitalisierungsperspektive. Die Beschäftigung mit der Nutzung von E-Mails fördert der Mehrwert des Internets als Unterrichtsfaktor und wichtiges

Kommunikationsmedium in Blick wahrscheinlich auf schriftliche Produkte, E-Book, Chatdialog, Laptop, Videotelefonie- Videokonferenz die Produktivität, Kreativität, Modernität, Attraktivität und vor allem Interkulturalität im Rahmen der positiven Wirkung auf unsere digitalisierte Medienwelt.

4. Kurzfazit

In der erklärenden Ausarbeitung wird die mediendidaktische Forschung und Beantwortungen auf Stellungsfragen im Rahmen der Förderung der positiven Wirkung digitaler Lehrmedien bzw. Internetnutzug im algerischen DaF- Unterricht aus didaktischer Mediatisierung in der hochschulischen Lehre und auf die moderne DaF- Medienwelt von jungen DaF-Lernenden beschrieben. Digitale Lehrmedien - Medienprodukte wie E-Books, Internet-Dienste, E-Mailen, Chatten, Nutzen digitalisierter Plattformen per Facebook, Twitter, You Tube- Videotelefonie- Videokonferenz, Spielen, Herunterladen von Filmstars- Musikvideos und Surfen im Netz spielen in diesem Zusammenhang eine gewichtige Rolle und leisten abschließend einen wichtigen Mehrwert im DaF –Unterricht aus didaktischer Medienwelt . Internetnutzug bietet Vorteile im Rahmen der hochschulischen Lehre und die meisten DaF-Lerner- Lehrkräfte verwenden vielmehr elektronische Bücher wie E-Books, Online-Webseites, Informationsservice, DaF- Zeitschriften durch Netz- Recherche und die positive Wirksamkeit des didaktischen Einsatzes der Internetnutzer auf ihre moderne Welt ist von höherer Bedeutung im algerischen DaF- Unterricht. Unsere Forschungsarbeit bietet Medienmöglichkeiten, Internetnutzug als wichtiges Lehrmedium, Verwendung digitaler Plattformen wie das soziale Netzwerk Facebook und Erfindung moderner Medienprodukte, um Kommunikationsprozesse zwischen Lernenden und Lehrenden zu erproben. Hierzu sind Internetanwender motivierender, effizienter und die Fokussierung der Erfolgsbedingungen per Innovationen modernen Produktmedien bzw. Entwicklungen sind gestiegen und zugenommen. Zusammenfassend kann gesagt werden, dass der didaktische Interneteinsatz im algerischen DaF- Unterricht in der Fremdsprachendidaktik die Beschäftigung mit E-

Mail in Blick auf schriftliche Produkte, E-Book, Chatdialog, Laptop, Videotelefo-
nie- Videokonferenz die Produktivität, Kreativität , Modernität , Attraktivität und
vor allem Interkulturalität im Rahmen der positiven Wirkung auf unsere digitali-
sierte Medienwelt fördert. Erfahren hat ein Potenzial digitaler Medieneine zuneh-
mende Qualität per Netz -Didaktik z.B. mit der Nutzung von E-Books, Smartpho-
nes, Laptops, Tablets und Produktmedien in der Entwicklungszeit. Von höchster
Bedeutung ist

heutzutage bzw. in der digitalisierten Lebenswelt das Internet als Unterrichtsfak-
tor- Kommunikationsmedium und es bringt Hoffnungen, Chancen- schnelle Ent-
wicklungen und es schafft intelligente Lösungen wie Nutzung der Videotelefonie,
Videokonferenz, E- Books-Verwendung und E- Mail- Kommunikation bei algeri-
schen DaF- Lernenden und Lehrkräften.

5. Bibliografie

✓ **DUDEN:** Das Fremdwörterbuch Duden Band 5.7.Auflage, Mannheim, Leipzig, Wien, Zürich, Dudenverlag 2001

✓ **GROSCH, M:** Mediennutzung im Studium. Eine empirische Untersuchung am Karlsruher Institut für Technologie. Aachen 2012

✓ **KASTNER, Stefanie als fleißige Direktorin der Bibliothek** /GOETHE-INSTITUT ALGIER- Directrice Information et Bibliotheque C/o Ambassade allemande 165, chemin Sfindja 16000 Alger Tel.:00213-21-742559_ Fax:00213-21-740926_ E-Mail: bibl@algier.goethe.org www. goethe. de: „Effektive Recherche im Internet -Seminar,, Seminarunterlagen in Oran

✓ **ROCHE, Jörg:** Lerntechnologie und Spracherwerb Grundkenntnisse einer medienadäquaten interkulturellen Sprachdidaktik. 2000, S. 137f In: Deutsch als Fremdsprache S.37

✓ **SCHWERDTFEGER, I.C:** Die Funktion der Medien in den Methoden des Deutsch als Fremdsprachenunterricht 2001. In : HELBIG, G et al (Hrsg.) : Deutsch als Fremdsprache . Ein internationales Handbuch . Berlin , New York. De Gruyter S. 1018- 1028

✓ **STORCH, Günther:** Deutsch als Fremdsprache . Eine Didaktik München, Frank 1999

✓ http://de. M. Wikipedia/Wiki/Unterrichtsmedien. Abrufbar am 01. 08. 2022 um **01: 39Uhr.E-Mail-Adresse: elkebir_15@yahoo.fr/miamelkebir@gmail.com**

6.Anhang

6.1 Anlage1:Eigeninitiative bzw. Erklärung der Internetbegriffe[9]

❖ **WWW**   *Das sog. Woerld Wide Web wird von Tim BERNERS LEE am CERN erfunden. Das WWW wird als Synonym für das Internet benutzt. Aus genereller Sicht dient das Internet beispielweise zur Übertragung zu den vielfältigen Informationen, zur Nutzung der Netz-Recherche und zur Veranschaulichung von digitalen Bildern, Animationen, Musikvideos und zum Anknüpfen der schnellen Webseites- Informationsservices, E-Books und Online- DaF- Zeitschriften. Abhängig ist das WWW vor dem Netz, Videochat und E-Mail-Dienst.*

❖ **Surfen im Netz**   *Links- Webseites - Suchmaschinen besuchen*

❖ **E-Mail**   *Als Kommunikationsmedium wird E- Mail oder elektronische Post verstanden. Das meistbenutzte E-Mailmedium ist in der digitalen Modernisierungswelt von zunehmend höherer Bedeutung im algerischen DaF- Unterricht aus mediendidaktischer Sicht bzw. im Rahmen der hochschulischen Lehre. E- Maildient zur Übertragung elektronischer Briefe.*

❖ **Autobiografie per Facebook-Plattform**   *Im Allgemeinen gilt die Autobiografie als Einstieg ins Foto bzw. Fotoprofil. Über die kurze Autobiografie sollen Internetnutzer schreiben, wenn sie digitale Plattformen wie z. B. das weltbreite Netzwerk oder Facebook*

❖ **Facebook** *Das soziale Netzwerk Facebook ist nun in der digitalen Welt zugenommen. Bei der intensiven Facebook-Verwendung nutzen am meisten junge Lehrende-Lernende, Forschende und Schreibende an Hochschulen und in der Freizeit.*

❖ **Chatten**   *Anwender auf Webseites nutzen chatten im DaF-Unterricht. Aus knapper Sicht befinden sich Diskussionsforen - Chatdialoge zwischen zwei oder Kommunikationspartnern durch die Netz- Recherche.*

❖ **E Z**   *E Z bedeutet elektronische Zeitschrift und Zeitung, die digital maschinell veröffentlicht sind. In diesem Gedankengang gibt es eine Fülle von Online DaF- Zeitschriften, Abonnement- Elektronische Zeitschriften*

❖ **OB**   *Bezeichnet wird OB bzw. Online Bibliothek als Virtuelle Bibliothek in der Entwicklungszeit.*

❖ **E- Books**   *Bei einem Buch oder Lehrbuch geht es eigentlich um E-Books, d.h. elektronische Bücher. Ein E-Book ist ein Digitalbuch und es bietet Vorteile z.B. E-Books als gedruckte Bücher können sofort gelesen werden und auf verschiedenen Geräten verwenden.*

❖ **I S** *Informationsservice umfassen allgemeine Services von Infos und schnelles Recherchieren, Experimentieren per Erfahrungsaustausch.*

Eigeninitiative bzw. Erklärung der Internetbegriffe befindet sich im Anhang- Anlage 1

---

[9]Im Anhang - *Anlage1* befindet sich *Eigeninitiative bzw. Erklärung der Internetbegriffe*